박자를 놓치다

박정애 시집

序詩

거울과 창문과 그리고 나와

비와 햇살은 구원이자 축복이었다.
눈은 선물이었고 바람의 동사動詞는
나를 흔들어 깨우는 심폐소생술사였다.
이 모든 대상의 수사를 모르는
거울의 냉철한 판단은 언제나 옳았고
수정하거나 철회되지 않았다
절대적이거나 상대적인 것들은
너무 많은 것과 너무 깊은 것은
자세히 알려고도 하지 말라했다
나는 그의 명료한 선택과 결정을 동의했으나
내 비위는 맞추지 않았다
거울을 등지고 창문을 열면
아는 것보다 알 수 없는 모든 것들이
불완전한 미완의 것들이 나를 설레게 했다
거울과 창문처럼 내가 나를 등지고
누구나 가지는 역할가면을 썼지만
혼자일 때만은 쓰지 않는다는 법
나는 시를 쓸 때만 내가 보였다
시를 쓸 때만 나를 만났다

차례

003 序詩_거울과 창문과 그리고 나와

제1부
011 밤기차
012 바람의 잠
014 겨울 간이역
015 바람을 탄다
016 금琴 1
018 금琴 2
020 금琴 3
022 금琴 4
024 물거울
026 칠암 포구에서
027 불일폭포
028 아직도 내川가
030 건천乾川, 마른내골
032 비의 朗報
034 문門
036 시천矢川
038 공空 1
040 공空 2
041 천성산 무지개 폭포
042 동거 1
043 동거 2

044 녹슨다는 것
046 밤 벚꽃, 월평에 들다
048 달의 스매싱
050 달안리月內里
052 애월, 달 따라간다
054 꽃길 환한 그런 세상
055 달 1
056 달 2
057 달 3
058 달 4
059 달 5
060 달 6
061 동구나무 아래 평상을 놓다
062 석양의 건 맨
064 겨울 팽나무
066 겨울, 체르노빌 1
068 겨울, 체르노빌 2
070 오나시스
071 만우절 개그

제2부

075 새 1
076 새 2
077 새 3
078 새 4
079 새 5
080 비양도飛揚島
081 그 섬에서 나는
082 등대 1
083 등대 2
084 골문
085 귀향
086 각하 뎐傳
087 알비노, 백색인
088 참새 별 따먹는 소리
090 무호흡증
091 나무의 노래
092 절節
094 솔거率居 화조도

제3부

- 097 움딸
- 098 검劍 1
- 100 검劍 2
- 101 DMZ
- 103 떠도는 음표
- 104 지구벌레
- 106 대숲에 들어
- 108 불타는 금요일
- 109 카레이스키
- 110 꽃그늘에 눕다
- 112 용설란龍舌蘭
- 113 무심한 하루 한나절
- 114 11월 백양산
- 116 섬진강
- 118 참 이상한 일
- 120 구舊 길로 가면
- 121 눈[雪]
- 122 비등飛騰
- 124 바람을 읽다
- 125 만추 랩소디

126　물소리 바람소리의 수화
130　화소
131　원효산 화엄벌에는
132　적
133　시랑대侍郎臺 가는 길
136　오시리아 오시려거든
138　근斤
139　길을 신고 걸었다
140　길의 건반을 밟다

제1부

밤기차

복면의 검객은 양날의 극과 극을 갈아세운
둘이면서 하나인 양수겸장 철로 위를
전심전력으로 달려갔다
내 귀를 싹둑 잘라 낚아챈 기차는
끝내 귀를 돌려주지 않았고
북만주를 향해 혹한의 칼바람 뚫고
나라를 찾아오리라 소리소리 지르며
세상 끝을 달려간 우국의 망명자는
끝끝내 돌아오지 않았다
휘어지고 녹슨 난세를 평정하러 떠나며
나란히 내려놓은 두 갈래 길은
두 줄기 눈물로 빛나는데
흰 강물이 흘러갔다

바람의 잠

고단할수록 생기가 도는 그의 정체는 모호하다
그의 진술 절반은 본의 아닌 누군가의 탓으로 끝이 난다 처음부터
끝까지

그의 몸에는 자를 수도 꺾을 수도 없는
신경의 날줄과 씨줄, 서릿발 같은 육천 뼈마디가 있고
소리와 색깔과 결과 근육과 냄새를 가졌으나
태풍 한가운데 뻥 뚫린 동공이
고요의 몸통이란 풍문은 원추형 파문일 뿐,
그것을 본 사람은 없다

마음이 마음을 보살피는 건 뿌리째 흔들어 뽑는 거라고 사흘 밤낮
우기고 든 바람을 등지고
세상의 모든 소리란 모두 풍문임을 온몸으로 증명하는 바다를 등지고
선정에 든 바위 팔베개로 누워서 본 하늘
새파랗게 소리치는데
귀에다 대고 쾅쾅 못을 치는데

실지렁이 횟배앓는 소리로
햇살을 썰어 말리는 고요에도

감았다 뜬 속눈썹에도 반짝, 선잠을 깨는
나비의 잠

겨울 간이역

바람은 언제나 불확실한 곳에서 불어왔다
다시는 돌아오지 않을 것처럼 기차가 떠나고
다음 그리고 그 다음 기차가 왔다
무심한 기차는 늘 그랬다

바람처럼 불어와 문득 뒤돌아보면
소리의 길이는 보이지 않고
떠날 때 부러 두고 왔거나
잃어버린 모든 것들이
내가 지나온 모든 길 위에서
아직도 거기 우두커니 서있거나
가랑잎처럼 헤매고 떠도는
수많은 내가 보였다

뒷걸음질쳐 되돌아갈 수 없는
그곳에서 속이 다 보이는 빙어 내장같이
산간 오지 외딴집 노란 불빛에 드러난
창호지 대오리같이
선명한

바람을 탄다

온몸이 바람이 된 마라도 뱃머리
바람만큼 살맛나게 하는 것도 없다고
난리굿판 벌이는 칼바람 작두날 올라 딛고
바람을 탄다
옆구리 들이친 반도의 서남풍 맞으며
온몸으로 막아서는 바람막이 최전방
겨울 전신주도 바람을 탄다
묶인 닻줄이 풀리고 일엽편주 떠가는 배가
채 닿기도 전 새처럼 날아가 버릴 것 같은
두둥실 떠오른 섬
세상과 연결된 플러그를 뽑고
떠도는 것들에 가쇄枷鎖를 채우는 건 바람의 소관,
여기서 인간의 말은 소모적 공해
바람의 권력은 말이 곧 율법이므로
하늘보기 민망한 것들 살을 깎으며
누구나 맞서지 않고 키를 낮추는
누구나 무엇이건 그 한 쪽으로 쏠린
귀들이 바람을 탄다.

금琴 1
― 마두금

눈물이 왜 두 줄긴지 마두금을 보면 안다
죽은 者가 산 者를 위로하는
저승과 이승, 생과 사를 넘나드는
단 두 줄로도 세상없이 절절히 애절하게
벌판을 오가는 바람소리거나
초원을 달리는 말발굽 소리 같은
한恨의 소리가
수처작주, 앉은 자리 꽃이거나 풀뿌리거나
실금 같은 저 눈물의 소리가
물과 초원을 찾아 평생을 저와 함께 헤맨
유목인을 위해 꼬리 치던 총과 뼈와 가죽으로
죽어서도 혼신을 다한 저 두 줄기가
인因과 연緣의 이음새라는 걸
차마 알지 못하였다

우리가 이 땅에 오기 전부터 그리고
우리가 떠난 뒤에도 흙이 되고
풀과 나무가 되어 위로의 절명시를 쓸
바람의 현금악弦琴樂,
천둥번개 우박돌풍이 자연스러운 것처럼

낙타를 울게 하고 만근의 종을 울리고
사람의 가슴도 고동치게 하는
저 소리의 근원이 말의 몸이란 걸
저 소리의 결이 말의 영혼이란 걸
나는 알지 못하였다

눈 내린 자작나무 숲으로 달려간 백마가
녹음 무성한 초록 어둠을 뚫고 달려 나와
원근의 초지를 휩쓸어 간 돌개바람 속에서
두 줄기 눈물로 운다는 것을,

통풍을 앓던 늑대를 쫓아 말을 몰아 달리는
유목의 혈통인 내가 마부였거나 말이었을
내가 지금 너무 멀리 와 버렸거나
잊고 살았다는 것을

벽화 속에서 들숨날숨 두 발 치켜들고
삼태성 천공을 긁어내리며 투레질하는
천마총 푸른 말울음 소리가
가끔, 내 안에서 울먹이는 것을

금쪽 2
—우륵于勒

반도 땅 하중도 힘으로 팽팽한 수평을 잡고
편도행 물길은 일방적이라 골수에 흐르는
낙동강 물길에 내려놓았다
들숨날숨 숨 쉴 때 마다 생황소리가 나는
한 사내가 망국의 한을 울었다
여자를 안고 울었다 아니
여자가 울었다
절로 살과 뼈가 울리는 육신의 진동을
태초의 音인 율려律呂라고
음양이 만나는 생명의 소리라고
가야 쇳물로 벼린 칼의 명적鳴鏑은
천공의 소리라고
매화나무가지 끝에 비의의 촉수를 켜고
피었다 진 눈물 같은 꽃잎 하나에도
열두 가야 묵은 한의 소리라고
십년 대한大旱 마르지 않을 울음을 안고
그렇게 백로 한 마리 저 강을 건넜다는데
달밤 눈 위를 달리는 찬 바람소리
귀를 날리고 새파랗게 언 강바다 위를
한발, 한발씩 내딛을 때마다 쩍쩍 금이 간

사내의 동백꽃 붉은 심장에서
금이 났다는데
아니 오동나무가 울었다는데

금琴 3
―우륵, 십이곡(于勒, 十二曲)

누에고치 실을 뽑아 천에 천 번을 더 벼린
줄로 부들을 맨 양이두羊耳頭 학슬에다
천체우주 이 한 몸 거하라 구름뿌리
운족雲足을 달고 호비칼로 도려낸 울림통
봉황 꼬리까지 달았으니
내 몸이 악기가 된다는 거
내 몸에서 소리가 난다는 거
내 안에 있는 소리 들어보라 그 말인데
내 마음 날같이 알라 그 말인데
천공의 검독수리 내려본 천길 벼랑끝이거나
물가에 선 백로가
우러러 본 하늘이거나
금관가야 야철 쇳물이 녹아내린
대장장이 한 사내의 통한이거나
긴 목울음이 거기 가 닿아선
겨울 나뭇가지 끝까지
琴이야 弦이야 현금弦琴이야
모이고 흩어지는 뜯고 여민 농현
한 손에 어르고 거룬 가야 십이국 소리.
밝고 맑은 높낮이로 그윽하고 즐거운 것

서럽고 기쁘고 노엽고 거세고 부드러운
변화무쌍 일 년 열두 달
둥당 둥당 둥따당 둥당 둥둥
태산을 실어 태산이 되고
유수 실어 철철 넘친 그 물소리
듣는 이 없다 한들 줄을 끊다니

금쪽 4
―백결선생

아내여,
목숨과 부귀는 제천이라 어찌 임의대로 겠소
자본주의 중흥시대 번영을 위해
우리가 경영하는 오랜 가업은
영광도 명예도 아닌 맑고 빛난 가난을
섣달 그믐별처럼 반짝반짝 빛나게 닦는 일
빈사의 선민일수록 우리 명랑해야 하오
오동나무가 크면 클수록 뿌리는 깊고 깊어서
깊고 낮은 높낮이로 이쪽이 내려가면
저쪽이 올라가는
절반의 무게
철정鐵梃 쇳덩이 하나
열두 줄에 매고
일 년 열두 달
무릎 위에 올려놓고
거문고 술대를 잡았으니 나직나직 줄 고르면
봄 안개 속삭임이 비단처럼 정겹고
치세워 내리치면 천둥번개 소낙비요
혈의 맥을 짚어 이르면 전신이 통곡하는
급소의 비명은 심금의 대악이라

봉황새 황학이 날고 백학이 깃을 치는
오동나무 그늘에 앉았으니
내 몸이 절로 우는 거문고가 될 수밖에
아내여,
내 무릎을 베고 거문고로 누워보라
명적을 울리는 어화둥둥 떠오른 달
울림통 큰 달처럼만 웃어보라
도래솔 바람이 불어오면 솔바람소리로
파도가 밀려오면 파도소리로
귀가 아닌 가슴으로 들이치는

물거울

내 눈을 들여다 보거라
내 속에서 자라는 줄기 하나가 너에게로 가고 있다
바다건 호수건 하늘 아래 것들 모두는 하늘을 섬기고 살지
섬긴다는 건 가슴으로 무엇이건 담는다는 것

마른 논 갈아엎어 봄물 담아 써레질 해놓으니
검은등 뻐꾸기 홀딱 벗고 뛰어든다
우짖는 노고지리 노자 필사본이라도 읽었나본데
말 잘하는 청산유수 봄물소리
잘생긴 교언영색이지
황토펄이 전분 앙금으로 가라앉은
고요한 무논바닥 윗물이 맑다 물의 얼굴 물낯이 곱다
담을 것도 많다 아니, 원래 품고 있었던 것들을
가만히 드러냈을 뿐

대지의 고요와 생명의 비애가 물너울에 어리비치다
바람에 뒤섞인 피사체 다채색 물감
그렁그렁 글썽이는 물의 거울에 두둥실 달
제 스스로 빛나지 못하는, 눈길 닿는 부분만 빛나는
내 눈길이 닿고서야

얼굴 하나가 서로를 마주 본다
역지사지 나를 본다 내가 나를 본다
그럼에도 내 눈이 아니면 누구도 볼 수 없는,
사라졌으나 사라지지 않는 저 거울 속에서
내가 본 것들은 모두가 아름다웠다

잠자리 날갯짓에도 와장창 깨어지는 고단한 달에게
없는 것 내놔라 청원하거나 바람처럼 해찰하지마라
고스란히 해지고 한 생이 다 지나간 것 같은
물거울 속 맑고 잔잔한 정적을 깬
청개구리

칠암 포구에서

　매암쇠 맷수쇠 밀어주고 당기는 맷돌 손잡이 마주잡은 귀뚜라미 아리 위채 후렴구 주고받으며 한밤 내 참먹을 갈아낼 동안 칠성별 주변에 누가 저렇게 많은 별을 심었는지, 천년 아니 이천년 전에 보낸 편지가 이제 막 도착했다

　논리가 증명한 사실보다 어림눈짐작 자로 잰 듯 성채를 건설하고 허무는 사이 반구대 돌 속에서 밤마실 나온 고래들이 하늘바다 헤엄치다가 새벽이면 돌아와 지금 막 골목 안 담벼락을 지나가는 시각, 나는 지구 몇 바퀴째 돌았을까 어지러워 맴맴

　이날 입때까지 안태본 본심을 살아낸 갯가 살이란 열등을 반전하는 분노와 질투가 동력이라 바다의 힘으로 바다를 살아냈을 뿐, 아직도 바다는 논리적 분노로 철썩이는데, 세상을 밀었다 당겼다 흰 덧칠만 하고 조류를 따라 출렁이는 시거리* 같은 내 몸은 빈 그물

　천석만석꾼 대문간 객꾼처럼 드나든 바람이 파도를 양육하고 파도는 바람을 응원하는 피皮색 검은 난바다는 샛바람에 은별을 낚아 올리는 그 밤은 깊고도 멀었다

　*여름 밤바다에 일렁이는 형광물질

불일폭포

 범보다 무서운 성현의 말씀은 놓치면 죽는, 범의 꼬리라 죽고 못 살 지기지우처럼 부여잡고 오직 한길로만 전심전력 달려온 소리길인데요

 목숨은 천명이라 하늘에 걸려있고 말없이 말씀하신 백의관음 설법은 맨발이 붓끝이라 생각의 속필은 예서예각을 휘돌아 치다 행서와 초서 조선 참종이 흰 경책… 경책을 읽는데요, 우리 모두는 어딘가에 묶여 있고 닻줄 길이만큼씩 흔들리며 사는 지느러미를 가졌는데요, 유전자 기억을 따라 한생 누구를 따르거나 섬기는 일, 나를 앞질러 간 뒷모습은 새벽 백로 한 마리 청결하게 빛난 날개를 털고 푸른 하늘 흰 구름 한 장 건너가는데요, 조선육철 낫날같이 푸른 죽창을 내리꽂는 천길 단애라도 맨바닥을 치고서야 일어서는 저 법칙이란 낮추고 낮춘 者만이 낼 수 있는 일갈의 비명이라

 주저하지도 서두르지도 말라는 천둥을 내려친 천근만근 적막을 들고 일어난 인자무적선령을 누구라 가로 막으며 감히 대적하겠느냐고 그러네요.

아직도 내川가

최상의 선은 지류지천의 물과 같아서
석간수는 지극히 절제된 시어를 구사하고
산을 안고 달리는 청산유수 계곡물은
바람구름 산새소리까지 들어있어

앞만 보고 달리는 물의 구음이란
몸의 말을 입술이 하는지라 무색무취
물의 운명이란 적재적소 끊임없는
가변의 연속임에도 나의 순응이
아직도 내가 물로 보이느냐고

오직 한 곳을 향한 우주 내면의 진술은 말라비틀어진 나뭇가지에도
물이 차오르기를 머리맡 자리끼로 잠잔 물, 벌컥벌컥 들이켠 벌물, 논두렁
밑에 새는 헛물, 물고문하는 벌罰물, 장 담그는 제깃물, 펌프 마중물,
저녁 뒤울 안 은밀한 뒷물, 염천등목 나비물, 설거지 구정물, 외양간
쇠지랑물, 장마철 처마 끝 내린 지지랑물 낙숫물, 눈물 콧물

기어이 가 닿은 바다에서 아무리 몸부림쳐도
부처님 손안이라 단련된 근육질로
저 파도의 일진일퇴 공방은 겨루기보다

기존보다 진일보를 위한 들랑날랑
은산철벽이 무너져도 일어서는 일

천리건곤 사설로 열거한 소리꾼 장광설은
아무리 배불리 먹어도 슬픈 눈칫밥
아무리 마셔도 목마른 물은
헛물켜는 일

건천乾川, 마른내골

외다리 들고 선 백로 한 마리 냇가에 섰다
햇살이 배내똥 같이 말라붙어
미농지 장판처럼 들뜨고 일어난 서답천,
궂은 날보다 맑은 날이 더 많은 마른내골
물정 없이 지나간 한 시절은
할 말 다 못하고 사는 것보다
할 말 안할 말 다 해버린 빈 속이라
다문다문 돗바늘로 기워내며
햇볕 아래서도 비웃을 잊지 말라는
하나마나한 말로 부처도 말한 바 없다는
무설법 무언수행이 이 천변을 흘러갔다
가뭄에 시르죽은 풀들이
암소 뿔도 물러 빠진다는 염천 땡볕에
입천장 타도록 하늘만 보고 누웠는데
돌아보면 지척인 저 사막도 원래
초록 무성한 숲이었다며 선드러진
말발굽 소리를 이 천변에 내려놓고
박차를 지르며 비를 몰아 달렸다
용서와 화해를 위해 바다로 가니
그대들은 논밭으로 가라고

대지를 주관하는 물의 신전에서
물고기 화석이 은비늘 세우고
건초 같은 영혼을 물에 불리며
생명은 스스로 말하는 거라고
우리 너무 죽어지낸 거라고
죽은 나무 그루터기 파릇한 새움이 트고
잠을 깬 이끼들 소곤소곤
도리 틀고 일어나는 돌틈 사이
돌 아이들 웃음소리 방천이 났다
목젖 환히 열어젖히는 비,
수리수리 중얼중얼 기록되지 않는
어느 연대기를 쓰고 있다

비의 朗報

교방 담장 넘어 온 가야금 소리로
팔작지붕 아래 시경서전 글 읽는 소리로
비 오는 밤은 먹물같이 더욱 새까맸다

마당 형틀에 엎드린 살집 깊은 볼기짝
곤장 치는 소리로 추적추적 억수장마 지는 날,
추녀 끝 축담 아래 노박이로 서서
세상여자 두루 거치고서야
거지 중 상거지로 돌아와 구질구질
변명을 늘어놓는 탕자를
육간대청 마룻장 옹이구멍으로 기어든
시르죽어 기강 잃은 남정네를
천년을 기다렸다는 듯 버선발로 안아주는
얼른 치마 밑으로 숨겨주는
속 창시 오즐 없는 그런 여자
비단 새물내 차고도 향기로운
초록 풀 비린내로 생글거리는
참 어질고 가련한 여자에게서 물씬 풍기는
찰진 흙냄새로
낯익은 본연이 눈 뜨는 아침나절

비온 뒤 세상은 각양각색 새것인데

겨울도 얼지 않고 가물어 줄지 않는
사시사철 철철 넘친 우물같이
최선을 다한 착하고 착한 대지같이
그런데 노천의 것들은
왜 이리 서러운 것이냐

문門
— 하구언에서

반도 하중을 받쳐 든 낙동강 천 삼 백리 저 수많은 산과 지천지류 나루를 거쳐 치산치수 숨결을 안고 물굽이 따라 달려온 내 수족에 돋은 힘줄로 활시위를 맸다

신라가야 기나긴 가락 들어보라고 생령의 대악을 들어보라고 백결은 거문고 줄을 매고 우륵은 가야금에 술대를 걸었다

생명을 관장하는 대지를 어루만지는 고단함에도 희열을 안고 온 자애로움에도 내 목숨이 일각여삼추 경각에 있어 다급하니
  온갖 은유의 수사는 두고 수륙만리 직유법으로
  파루를 치고 수문을 열어라
  마디마디 졸라맨 내 허리띠 이제는 풀어라

근 30년 묶인 무고한 오라를 풀고 족쇄를 풀어 묵은 한도 풀리게 키를 넘는 문지방 둑을 열어라 복원이건 환원이건 강이 강으로 살게 원상의 본래대로 돌아갈 솟을대문 빗장 풀고 옥문을 열어라

대양과 한 몸인 무연자비 물의 길과 바람의 길은 막을 수 없는 법 나는 나의 길로 갈 것이므로
  진언이며 잠언인 맑고 우렁찬 청산유수, 물의 말로

부드러우나 단호한
내가 즐거우면 모두가 즐거울 것이므로

내수면 어민들 어부사시사 쓰고
순풍에 돛을 단 강호 임천지락 누리던 그때처럼
처음에 그랬듯이,
처음에 그러하였듯이

시천矢川

물이 화살 같다는 시천에서 나는
사마천의 백이전을 생각하고
백이와 숙제를 칭찬한 공자를 생각하고
누군가를 칭찬하는 사람이 더 빛나는
도 닦는 법과 덕 쌓는 법을 생각하다가
저 물살처럼 달릴 천리마를 생각하다가
지나친 도덕 지나친 청렴인즉슨
물고기 한 마리도 키우지 못한다는
섬뜩하고 끔찍한 매섭고 엄한
서슬 푸른 추상秋霜의 하늘 아래
천왕봉 삼신봉 제석봉 촛대봉 쳐다보다가
지게미 쌀겨도 배불리 먹지 못해 요절한
불쌍한 천재를 생각하다가
목숨을 주고서야 이름을 얻는
의사와 열사를 생각하다가
탐욕과 권세와 명예를 혼돈하다가
가시끼리는 상처를 내지 않는다는데
살이 베이지 않고도 지레 소스라치는
물의 행로에 한나절 귀품을 팔다가
텅텅 빈 내 두개골이 흰 달로 떠올랐다가

어느 해 어느 골짜기 멀쩡한 사람들
바리바리 실어다 학살 매장했다는
대성통곡 피울음 같은 물소리
아, 차라리 죄라도 짓고 싶은
저 물살에 찔려보지 않고서는 어찌
저 물 한 모금 마셨다하겠는가

공空 1
― 고요의 몸

햇살에서 달고 구수한 볏짚냄새가
물씬물씬한 연하고 부드러운 육질의 살
휘파람새가 흔들어 놓고
선들바람이 흔들어도
천둥번개 우레뇌성 불칼에 베이고
천산이 무너져 산산조각이 나도
이내 아무는,
떨어지는 꽃잎, 떨어진 새소리 한 알까지
상처 질까 가만히 땅 위로 내려놓는,
귀엣말 속삭임에도 간지럼 타는,
없는 것을 있음으로 보여주는,
소란 끝에서 마침내 드러나는 정체는,
꽉
찬
가득함으로 단단하고 탱탱한 천연
깊어질수록 더 진한 농도로
꽃망울 하나 잎사귀 하나에도
살갑게 자리 내어주는,
우리는 그것을 무(無)의 거처라 말하지
이 극진한 관심과 경청의 응시를

큰 슬픔은 큰 힘이 되기도 하지
울지도 웃지도 않고 공명하는,
심심한 내색 없이 내색하는,
구만리장천, 누워서야 보이는
청동의 바다

공空 2
— 외칠리

첩첩이 둘러친 고요의 원적지 경주 산내면 외칠리,
오래전 족적을 낸 발의 성자, 공룡을 따라가다
간밤 멧돼지 고라니 발자국은 덤

온 여름내 외고 팬 매미소리는 세상을 거덜 낼 판인데 삶은 호박이도 안 들 차돌같이 단단한 고요는 무정물, 생을 증명하는 건 그림자 옮기는 거라 몸보다 큰 그림자를 지참하고 온 나그네만 모르는 아주 중요한 일이 이 마을에 있는지 개도 안 짖는데 귀신 발자국 소리까지 들릴 것 같은 외진 한나절 땡볕을 쬔다는 건 주목받는 일, 변명 없이 고개 숙인 수숫대 아래 호박줄 줄줄이 딸린 권속을 달고 미주알 쏘옥 빠지게 용쓴 누런 호박은 솔솔 단내를 풍기는데

논물 귀 무자치 풍뎅이 미꾸라지 중태기 개구리 엎치락뒤치락 빈 수레 길 씹는 소리보다 외치는 고요가 더 시끄러운 산길에서 만난 뱀 고라니보다 내가 먼저 놀라 숨는데
도무지 그믐 같은 무풍지대 천년이 오늘만 같은 무심 날에도 무심한 이 마실 사람들.

천성산 무지개 폭포
　—청성자진* 한 잎

햇살 전각에 아른아른 얼비친 물그림자
천의무봉 비단 한 필 천애단애 끝에 걸어놓고
밀고 당긴 술대가 끊어질 듯 이어진
소리의 박음질 꿰매던 날실로
무지개 수를 놓았다

긴 칼 내리꽂고 일어선 생의 진행자
그 이름 그 소리 불립문자로 아로새긴
단소 대금을 입에 문 악사
맑고 우렁찬 이 강산 청산유수 적벽가에
국지적 박수 소리가 났다

골짜기 호령하는 건 스스로를
가장 아래로 내려놓은 자만이 낼 수 있는
저 인자무적 목소리를 누가 대변하며
누구라서 감히 말꼬리 잡고 늘어지겠느냐
심연의 암벽을 치고서야 들려오는
영혼 내벽의 소리

*'청성'은 '높은음', '자진'은 '빠르다', '한'은 '크다', '잎'은 곡조란 뜻.

동거 1
─즐거운 감옥

신이 인간을 위로하기 위해
널 보냈다는데,
아무리

13층 복도 쭈그려 몇 날 며칠이나 기다렸다는 듯, 어쩜 나를 찾아 헤매다 비로소 당도한 듯 내 마음속까지 들여다보는 저 애잔하고도 진지한 먹 포도알 같은 눈에 나를 담다니 저걸 어쩌나, 며칠이나 굶었을 짐승의 눈이 저리 맑아서야, 저라고 신산고초는 없었을까 개발에 땀이 나도록 산다지만 험한 세상 떠돌기엔 너의 발바닥은 너무나 부드럽고 따뜻해
 사람 손에 조련사육 될 절대 약자라도 사고팔 물건도 야생도 아닌 저의 소유권이 저의 안일이 내게 달린 사육과 복종이 甲과 乙의 관계임에도 내가 너의 집사이기도 해 가끔씩 내 집을 통째로 주고 열쇠를 채우는데
 빈집이 아닌 감금의 감옥
 내 허물을 낱낱이 들춰보고 흉볼지도 모를 녀석의 즐거운 밀실을 엿볼 순 없지만 시치밀 딱 잡아뗀 눈에 나를 담는 너, 그래

 세상 누구도 혼자인 사람은 없다
 어디에 기대건 기댄다는 거, 내가 그렇다
 우리 모두다 그렇다 울지 마라

동거 2
　—연리지

아파트 입주선물로 받은 벤자민 화분 두 개
강산이 세 번 변하고 오년이 더 지날 동안
베란다 귀퉁이에서 사철이 푸르다
나무도 한자리에 오래 살다보면
깊은 정이 드는지
서로 손을 뻗다 설키고 엉켜
이미 한 몸이다
얼룩무늬와 색깔이 다른 잎을 가지고도
두 나무가 가지를 자르면 흰 수액 뚝뚝 흘리며
이내 하나로 아물어 단단한 옹이가 지는
상처가 상처를 만나
아픔과 아픔이 만나
결의를 다지는 저들의 혈액형은 무슨 형일까
참고로
난 O형이다

녹슨다는 것

목숨으로 태어나 몇 겁 생을 돌고 돌아야
그곳에 가 닿겠느냐고
청승만 떨다 저 세상 떠난 사람

거룩한 것들은 무심하여
아슴푸레 푸른 새벽 찬바람 허리 질끈 조이고
삼아 신은 젖은 짚신 툭툭 털어 신으며
만주 땅 떠돌던 발자국들이 고조선 하늘
서러운 별이 되어 총총 박힌들
천척단애 걷어차고 구천을 날아올라
달이 되어 빛난들
어찌 누가 누군지 알아나 보겠냐고
온밤을 다 파먹은 밤새소리
이산 저산 피를 뿌려 부리 붉은 두견새
밤새 섬돌을 깎아낸 귀뚜라미
그 목소리 알아듣기나 하겠냐고
구시렁구시렁 비는 내리고
암막새 수막새 가가호호 각자도생 이력들
녹태 낀 놋그릇 굴려 닦아 메밥을 푸면
기척 없이 다녀간다는 제삿날

발자국 대신 꽃잎 지던 밤이 지나고
비 갠 하늘처럼 가벼워진 허공
그 너머에 있을 사람들
나만 보이는 거울을 등지고
너를 보기 위해 창을 열어도
보이지 않는 너

밤 벚꽃, 월평에 들다

메마른 겨울나무 가지에도 눈물샘이 있어
바람만 불어도 눈이 시렸다
오래된 고가 녹슨 돌쩌귀 겨울 문고리에
조고약*같이 쩍쩍 달라붙던 그 손의 기억으로
한 두레박 한 삽씩 퍼 올리는
땅 속 마그마 더운 열기에 뽀얀 김이 서리고
초록이슬 내리는 靑보릿대 마늘밭에서
나는 새삼 순진하게도 서러워져서
초록을 빌어 피리를 불었지
공기의 소리라곤 아무도 믿지 않았어
비산비야 떠도는 정체불명 질풍노도
무생물선잠까지 깨우는 너는 누구냐,
스크린에 전개되는 이 마을 전설이 꽃그늘로 내리고
벚꽃나무 아래로 평지낙상 대사령이 내리고
백년을 건너온
청백자 향기는 꿈길까지 환해져서
소리 없이 내지르는 백의 혼령들 함성
삼동네 3.1 만세소리 근동 십리로 뻗쳐
한량없이 선량한 대악大樂을 울리는데
일생을 풍미한 절정과 절명의 경계를 밟고 선

파란 도화지같이 말간 설원의 고요도 과일이라
떫은 풋감 냄새가 나는 것이다.

달의 스매싱

조선 백자 달 항아리는 여자의 몸, 채우기보다 비워서 환한 거라 달의 몸은 가벼웠다

두 이레가 지나면 기울지 스무여드레 반을 접으면 보름달 뜨지 순환주기를 한 번 더 나눈 이레는 일주일 네 번이면 한 달,

달의 숨결을 따라 바다 생물은 몸을 부풀려 짝짓기 하고 그녀가 월경을 하지 몸 속을 흐르는 붉은 바닷물은 달을 따라 쭈글쭈글 꺼지다 탱탱 부풀다
한 사나흘 유난히 아름다워진 그녀 목소리가 높게 빛나다 말고 낮게 잠기지 달이 사라진 사흘 밤 동안, 세상은 어둠에 잠기고 여자의 神은 달이 사라진 사흘간 뭘 했는지 모르지
어두운 빈 방에 돌아앉아 훌쩍훌쩍 울지나 않았는지
한 사나흘 죽었다 깨어나 점점 명료해지는 그녀
초승달처럼 태어나 만월이 되었다가 기울기를 번복하는 달의 발꿈치 물고 졸졸 또 따라다니지

검은 그림자가 어둠이라는 거
두려운 건 불 꺼진 골목이 아닌 어둠이라는 거

빛만으로 빛나는 지구는 피로를 모르고 내가 없으면 그림자도 없는 법, 모든 그림자는 검은색이라는 거

어둠을 밟고서면 사라질 그림자 하나
종횡무진 달을 쥐고 달리는 점프
힘찬 스매싱

달안리 月內里
— 달에 취하다

바람도 깃을 접어 밤새 소리 더 맑은 밤
산간벽지 빈집 한 채로
두둥실 떠오른 달
저기 저 달 속에 빙그레 웃는
달고 맛있는 두레밥상 한상 차려져 있다

산 속에 들어서야 들리는 홀로 가는
달의 발자국 소리

황금빛에 눈이 먼다는 저 금설천金屑泉
물소리 맑은 죽리관 대숲에 앉아
거문고 타고 휘파람 부는 왕유를 만나
그의 무릎 위에 거문고로 누워 본다

텅 빈 내 몸통 하늘별자리 짚어내듯
술대를 건 음풍농월 풀벌레 소리
선포하느니, 여기는 야생의 천국
만화방창 꽃무늬 깔고 누워 하늘 본다

티눈처럼 아린 별똥별 하나

저 것이 과녁인가 천축을 노려보다
서천에 저문 나를 본다
내 안에서 외로운 나를 수고했다 위로하지 못한
내가 달에 취해

애월, 달 따러간다

숭숭 뚫린 바람구멍돌이 소리 내어 우는
그 나라 군주는 바람,
나무와 풀 모두가 바람의 법으로 산다
난들 뜬들 지나 변방 에움길 따라
바늘 없는 낚싯대 들고 남실남실 떠도는
술잔 속 달 건지러 간다
이태백 독배 속에 글썽이는 눈
그 눈 마주보고 대작하러 애월에 간다
현무암 낮은 담 위로 팔을 뻗으면
이웃 장맛도 볼 수 있는 간장독
가만히 들여다보면 그 안에
동동 뜬 달
살면서 살아가면서 가슴에 품고 산
저 달같이 환한 이름 하나 없었을까
물 위에 에도는 기름덩이 노른자
술잔에 저어 마시러 간다
노랗게 무르익은 것들은 떨어지기 마련
텅, 하고 떨어진 달
달빛 아래 구천 뼈마디 추스르는 밤바다
하얀 해골 바가지 들고 하하 웃는

파안대소 원효가 내 해골도 가져가서
저 바다 뿌리라 한다
하얗게 뿌리라 한다

꽃길 환한 그런 세상

한 겨울 땅속을 견뎠을 고물고물 애벌레들
검은 침묵을 흔드는 명주실잠자리 같은 바람의 손
솔솔 풀어내는 살 밑에 매설된 실핏줄 따라
두근거리는 화염花焰의 아지랑이
촉수를 예감한 어린 초생들 목청을 가다듬었다
우리의 가락이라 굽이 휘어 도는 물소리에
혈관이 울먹이는 가지마다 눈뜨게 하는
색깔과 향기와 소리를 간직한 저 수 많은 음표들
무한천공 떠도는 구음의 사운드
만물 모두가 한 목소리로 노래하는 천뢰라 하자
소리 없는 대지의 지뢰라 하자
저절로 세상이 환해지는 꽃그늘 아래서
누구도 시련의 날은 말하지 않지만
꽃길 환한 그런 세상을 향한 마음의 소리로
피우고 또 피우는 한 송이 꽃이거나
무리지어 피운 꽃이거나 소리 없이 공명하는
우뢰라 하자

달 1

그는 연로했다 제 나이가 얼마인지도 모르는
마을마다 바보 하나씩은 있어
구박천대에도 웃고 손가락질 놀림에도 웃고
눈치도 코치도 없이 웃고
길을 나서면 먼 길 외로울까 따라오고
돌아오면 방 안까지 저 먼저 와 드러눕고
고향을 떠나 만리타향까지 따라가고
끊임없이 사람을 따르고
심산유곡 무인고도 가리지 않고
상처를 주기는커녕 받을 줄도 모르는
제 눈에는 하늘도 땅도 예쁘고
생명이 있는 것들 모두가 사랑스러워
그저 생글생글 방실방실 빙그레 웃기만 하는
사람들은 바보천치 동네북이라 했다
쓸개도 간도 다 내어주고 애도 곤도 없이
뻥 뚫린 가슴은 무문 통로가 되고
영원을 향한 통천문이 되고

달 2

어머니의 神은 딸을 몰랐다
장독대나 모서리 닳은 개다리소반이나
그저 촛불 한 자루 션, 션한 찬물 한 그릇이면
만족하는 참으로 검소한 神이었다
고요한 절제와 겸손이 전부인 어머니의 神은
맑고도 밝아 맹물 찬물에 감아 빗은
참빗자국 선명한 쪽을 진 머리만으로도
어여쁘다 어루만져 쓰다듬는
참 어질고 자비로운 神이었다
만경창파 바보경전 한 장 펼쳐놓은
그의 교리는 밝고 맑은 울림의 소리로
빛을 만들거나 소리를 만드는
참 보편적 神이었다

달 3

딱, 한 방 장전한 방아쇠놀이에 검지를 걸고
허공을 중천을 향해
탕.
뻥 뚫린
구멍,
언제 쩍 달인지 생각이 안 난다
머릿속이 텅 빈 것이다
속이 빈 북
북통 같은 청상의 만삭
동네북 웃음거리다

새벽 세 시
빈속에 허기가 진다

시드는 하현달
등에 맨 활시위를 재고
활을 먹이다
앗. 뽈. 싸, 놓친
생의 과녁

달 4

지구 지름 4/1, 지구 무게 81/1 몸이 태양과 나를 사이에 두고 삭망월마다 지구 한 바퀴보다 좀 더 돈다는 자전과 공전으로 나를 돌보는 것처럼 달밤에 쓴 내 시가 나를 구원해 주기를 날 밤 새우는데

한 달에 한 번 달력에 끌려 다니며 덩달아 둥둥 울리는 달의 심장 소리로 달거리 하는 나에게
다달이 한 달거리로 평생 오백나한 아비없는 자식을 낳은 나에게
달천리月川里 냇가에서 달의 탁본을 뜨는 나에게
만장 꽃상여 수화명정목관 무덤도 없이 돌아오지 않는 사람들 모두는 저 달 속에 있을 거라 믿는 나에게
실오라기 하나 걸치지 않은 저 여자는 무슨 비밀이 있어 그러나 도무지 죽어도 뒷모습은 안 보여주면서
골방 눈꼽창 고정 채널로 거울처럼 바라만 본 이 오랜 시청률에도 도무지 등 뒤엣것만은 안 보여주는
선후경중도 모르는 백치의 눈으로 서리서리 풀어내는 칠정울체 넋두리를 밤새도록 들어주는 나에게

그렇게 오기까지
3십 8만 4천 거리에서 1초에 지구 일곱 바퀴 돈다는 빛의 속도로 딱, 8분 19초 걸렸다고 우기는 일

달 5

일찍이 초원의 매에게 줬어야 할
내 심장과 한 쪽 눈을
저 한 마리 섬에게 주고 말았다
내가 모르는 모든 원인과 내가 볼 수 없는
영원 그 너머를 신의 몫으로 주었으나
우주는 신을 필요로 하지 않았다
그래서 나는 언제나 한 박자씩 박자를 놓치다
지독한 난시가 되었다
저 아득한 외눈박이로도 이미
더듬거리는 나를 속속들이 다 안다는 것인데
어느 날 갑자기 문 밖에서
친구처럼 내 이름 석 자 호명할 때
아무런 생각 없이 선선히 따라갈
강남같이 따뜻한 그곳이 죽음일지라도
내가 본 모든 것들은 아름다웠다고
사계절 피었다 지고 피었다 지는
저 꽃의 이름으로 달달달
달려갈 것이다

달 6

타打 아 앙,
한 방의 메아리에 세상이 쥐죽은 듯
고요했다 아니 죽어 쓰러졌다

광안리 앞바다 불꽃축제장에서 가수는
총 맞은 것처럼 아프다는 가슴을 안고 울던
식전행사가 끝나고
하늘에 쏴대는 수 백발 불꽃
지구 한쪽이 출렁했다
파도보다 더 큰 소리로
천지가 진동하는 소리로
작열하던 인산인해가 떠나고

허공 중천에서
높은 산 깊은 물소리가 났다
아무도 누구도 측량할 수 없는
소리 없는 소리의 메아리
쥐와 새가 죽고 나도 죽었다 그러나
나는 내 뒷덜미를 겨눈 검지 손가락
그 세 마디가 무서웠다

동구나무 아래 평상을 놓다

천둥번개 채찍 소나기 내리치시라
고난도 달게 받아 냈을 오래된
동구나무 그늘 아래
등받이 없는 대나무살 평상에
바둑판을 놓고
세상 판도야 어찌 돌아가건
한 점 한 점씩 수담을 두는데
과거 현재 미래가 교차하는
실금의 과녁을 향한
상수와 하수의 희고 검은 바둑돌보다
서로가 서로에게 머리 숙이는
저토록 진지한 상례라니
처서백로 지나 고개 숙인 수숫대
나락이삭까지 이 가을
머리 숙인 저것들 근수斤數가
여간 수월찮겠다

석양의 건 맨

온갖 제약과 약속으로 뭉쳐진 몸,
생각의 역마차는 덜컹거리며 황야를 달리는데
석양을 향해 홀로 걷는 길은
내가 나에게로 가는 길
나를 만나는 시간은 나를 섬기는 거라고
생이란 유서를 쓰고 유적을 남기는
지나간 역사 드라마가 아니면 영화로 만나는 것
지금 이 캄캄한 스크린에서 무슨 영화를 본 것이냐
지금껏 영화를 보긴 본 것이냐
시계 초침만 보고 계절을 보지 못한 눈
가을비 속으로 동동 떠내려가는데
선술집에서 선채로 대폿잔을 들고
탕, 탕탕탕…
무진장 대포를 쏴대던 지구 난민들
객석에서 총알 없는 총잡이 따라가는데
다시 죽기 위해 다시 살기 위해
검정 외투를 걸치고
도시의 혈관 속에서 기관회로를 따라
빙어 내장 실핏줄처럼 환한 불빛을 등지고
지하도 출구로 줄지어 나오는데

저들도 동면이 있었을까
각자의 말로 봄을 연호하는 화염 속으로
두두두 산탄총을 갈기는 총잡이
우수수 지는 낙엽의 신파
낙타와 말과 총소리가 총총총 박히는
비의 발자국을 따라 극적으로 살아난
건 맨은 원래 여자를 사랑하지 않는 법
뒤돌아보지 않고 말 뱃구레 박차를 지르며
어둠 속으로 사라졌다

겨울 팽나무

언 강바닥 스치는 눈바람 속에서
바늘 끝 실핏줄까지 일목요연 드러난
생의 전모, 건드리면 절로 울음이 터질
현弦이었다
얼음장 밑을 흘러 당도한 하구언에서
시린 손끝을 호호 불며
야윈 쇄골을 드러낸 채 들먹이며 우는
나뭇가지 끝에서 일획을 긋고 사라진
늙은 별의 생애처럼 맑고 향기로운
맵고도 아린 선명한 가난의 통증을
너는 왜 아프다고 말하지 않았느냐
왜 소리 질러 울지 않았느냐
가지 끝에서 땅속 뿌리까지 전율하는
오관의 자율권에 대해 주지하라
왜 말하지 않았느냐
말없이 천년을 내려다보는
저 하늘의 눈으로 얼마나 밝고 쾌활했는지
사려 깊은 푸르디 푸른 청년이었는지
걸어온 시간의 나이테만큼,
좌절을 거듭한 단련의 연마로

항거한 초록전사여
포기를 모르는 겨울나무 더운 혈기로
대지를 건설하는 초록공화국
만세

겨울, 체르노빌 1

때리지 않으면 맞을 수밖에 없는 골 때리는 세상,
원초적 지속은 복제가 아닌 표절이라고
그렇게들 말하지
채찍을 휘둘러 박차를 질러야 달리는 말,
자연에 열등한 인간의 공격은
마조히스트 아님 잔학한 사디스트
사람이 사람으로 살면서 욕구불만족 만행이
함부로 저지른 사이코패스라고
수천 편의점과 수천의 교회첨탑에도
안전과 평화를 보장받지 못한 뭉크의 절규는
제발이지 영혼까지는 파먹지 말라고
그렇게 말하지
피아 경계를 넘은 문명의 우위와 열위로
나의 달콤한 편의를 위해 수고한 者들이
문명의 피라미드를 세운 노동자들이
우울한 폐허의 건물에서 나온 검은 유령들이
중세 성당의 사제들이
죽음의 땅, 도래지 잃은 철새처럼 우는데
거리를 돌진하는 괴이한 금속성에도
살 속에 박힌 진저리로 전율하는데

신의 계시처럼 비는 내리고 저 붉은 숲에서
제 의지를 회복한 바람이 문득 일어나
생육 신경세포가 거세된 절지동물 신음 소리로
전신이 녹아내린 생령들 울음 소리로
잊지 마 잊지 마 잊지 마
1986년 4월 26일

겨울, 체르노빌 2

1979년 3월 28일 스리마일 판도라가 열리고
인류 최악 1986년 4월 16일 체르노빌
2011년 3월 11일 후쿠시마
모든 생령은 전신이 녹아내렸고 붉게 탄 죽음의 땅,
버려진 땅에서 온 유령들이 말했다

바람과 비가 실어온 악마의 입김에 아이들 운동장에 나가 놀지도
창문도 못 여는데, 재난 블록버스터 명령 지역 말곤 안전하다고 만분의
일 백만분의 일 확률이라고 그러나 814만 5060분의 1, 로또 복권 확률에도
매주 대여섯 명씩 당첨되는데 언제 어느 때 어디서건 가능한 일, 이제
저급한 확률 따위는 믿지 않겠지만 강산이 세 번이나 바뀐 세월에도
오, 맙소사 위기는 지금부터라고, 아직도 진행 중인 체르노빌 보라고,
히로시마 원폭 4백배 체르노빌 보라고, 꽃과 열매, 새들조차 제 모습
잃고 초목과 곤충과 늑대 황새 독수리 멧돼지 사지육신 뒤틀린 짐승들
보라고, 무너진 건 상식일 뿐, 조물주는 망극하게도 지금껏 바람 햇살
비를 내려 생명을 돌보는데 자연에게서 환대 받지 않고서야 어찌 아침이
슬의 향기를 알겠느냐고

   허공에 수천 수만 불꽃을 쏴 올리는
   허망한 꿈의 숭배자들이여

욕망의 벽돌로 쌓아올린 유리벽 속에서
지옥을 천국으로 가꾸는 일
오늘밤 불을 끄고 별을 보라 한다

오나시스

생고기집 기름 접시에 엿가락처럼 새하얀 등골
척수를 빠져나온 찰진 등골이 오아시스라는데
살아서 등골 빠지게 짐을 졌을 소의 심줄이
왜 오아시스인지는 알 수 없다
몸의 중심인 중추 허리힘을 길러주는 거라고
간천엽 내장 부위별로 탐닉한 미식가는
간肝에 기별도 안 간다며 추가 주문 들어가는데
간에 붙었다 쓸개 붙었다 등치고 간 내먹는
살육의 세상에서 그래도 좋으면 간도 꺼내준다는데
간 하나 빼내줄 애간장 다 녹일 사람 하나 없이
허리가 휘도록 부모 등골만 빼 먹은 나
열길 물속보다 한길 부모 속은
죽은 감나무 속 검은 심을 보면 안다는데
감나무 속에 든 검은 심, 자식 낳아 기르는데
속이 얼마나 상했으면 시커멓게 탄 감나무,
제사상 올리는 조율이시棗栗梨柿에
감이 아니면 곶감이라는 그 말씀까지
곶감 빼먹듯
쏘옥 쏙.

만우절 개그

뭉클한 누기로 더운 화염이 폭발한
벚꽃나무 그늘에서
앙천대소, 하하 웃어보자고
절대적 절제 그것의 틀을 깨자고
창조적 반란이라고
촌철살인 유머로 배꼽 한 번 잡아보자고
션찮은 일에도 웃자고 한 번 웃어보자고
허풍이라도 한 번 쳐보자고 한
오늘 단 하루만이라도 쌔고 쌘
거짓말 하지 않는 그런 날이기를
얼굴 빨게 지는 그런 날이기를
보태고 뺄 것도 없는 그저 곧이곧대로
하루만이라도 참말로 거짓말하지 말자고
수천 년 전에 내렸던 비가
빗살무늬 토기 속에 내리던 비가
비웃雨 자字를 쓰는 비가悲歌,
비자나무 숲에서 빗금사선을 치는데
나는 나에게 한 거짓말이 거짓말처럼
말끔히 속량되기를 빗속을 걷는데
젖은 죄가 너무나 무거웠다

제2부

새 1
—신천옹信天翁

기미가 밝고 강할수록 그 눈빛은
외롭고 쓸쓸해, 고독한 놈일수록
더욱 더 강열했다

천둥번개 소나기에 울음 뚝 끊는 매미처럼 새는 종적을 감췄다 어디로 갔을까 새는 어디서 와 어디로 가는지에 대해 사람들은 아무도 궁금해 하지 않았다 날개를 펴면 구만리 창공을 덮어 가린다는 가장 날개가 긴 새, 너무나 큰 날개론 날지 못해 날자날자 수없는 날갯짓에도 날지 못한 바보에게도 천재일우 기회가 있다는데 하필이면 비바람 몰아친 풍찬노숙 백척간두에서 온전히 저를 버리고서야 최상의 자유와 단 한 번의 날갯짓으로 이레 밤낮을 날아 두 달 만에 지구 한 바퀴 돈다는, 한번 날아오르면 쉬지 않고 천리만리 간다는, 세상에서 가장 멀리 가장 높이 난다는 새

기회란 그런 거라고 겨우 마침내 비로소 날아오른
새의 영역은 혼자서는 너무 넓어
하늘이 된 새

새 2

렌즈에 갇힌 순간의 새는
날개를 접지 않았다 양육되고 사육된
지독한 연옥에서 너와 내가
서로 다르지 않은 건 사각 액자 속이나
사각의 방 안이라는 것이다
새를 꿈꾼다는 건 잠들지 않고서야
그러나 벽면에 당신의 모습만 남겨놓고
선산발치에 누워 계시는 분이나
지금 창공을 날고 있을 너는
내 눈이 먹지 못한 하늘과 땅을 연결하고
천산천해 비산비야 수직비천에도
수평을 잡고 바람을 타겠지만
제 몸이 새라는 것조차 잊어버린 너의 전생은
악사였다 슈베르트 미완성 교향곡 3악장,
영원한 미완이기에 더 영원한 걸작을 남긴 악사였다
완성의 생과 미완의 생은 고단하여
아름다운 거라고 너는 노래하지만
두 팔 두 다리로도 평정하지 못한
불평등이 나를 울게 한다는 것.

새 3
　　—비새

토란잎에 후두두둑 따발총 갈기는 소리로
비자나무 숲을 일으켜 세우는 비
내친 선걸음에 산을 버리고 들을 버리고
세상 풍진을 다 씻어내는 비가
빗소리 밟고 가는데
추적추적 절룩이는 빗소리 속에는
지지배배 지지배배 소란한 강남제비
한 가대를 지배하던 추녀마루 아래서는
국수를 삶는지 잘린 비의 둥치에 흰 김이 올랐다
부엌에서는 낙지를 다지던 엄마가
무채를 썰고 있을 때 비새는
비의 길이를 째깍째깍 짧게 잘랐다
마구간 앞에서는 작두에 여물짚단을 먹이던
아버지가 손가락을 뺐다
나는 흰 붕대를 풀고 감으며
아래 위로 후둑후둑 동동 떠다니며
비 때문이라고 비 탓이라고 울었다
처마 썩은새 낙숫물 맴도는
동심원 구음을 안고 비새가 울었다
붕대로는 눈물을 닦을 수 없었다

새 4

임종 때 천문 닫히는 소리로 생애 단 한번 가장 아름다운 소리를 내다는 새가 있다

가시에 제 심장을 찌르며 운다는 그 노래를 위해 새는 제 목숨을 들고 가시밭에서만 살았을까
생의 끝에서 처음부터 정해진 운명이라고 오직 그 한순간을 찾아 다녔다고, 바람 불고 비 내리는 세상 끝에서 거짓말처럼 달콤한 무지개를 봤다고 성자처럼 정말 그랬을까

최상의 노래라 하늘도 귀 기울여 들으시고 상찬해 마지않는다는 그 노래를 위해 고통에서 꽃은 피어나는 거라는 그 말을 해주러 부러 스스로 제 심장을 찔리게 한다는 새

알에서부터 생명이 다하는 순간까지 알지 못했던 고통을 가시에 찔리고서야 붉은 제 몸의 피를 보고서야 제 몸이 꽃의 전신이란 걸 알게 된다는

그 지독한 생의 패러독스를 믿으라고, 그 슬픈 자해를 동의하라고 가장 아름답게 운다는 말로 한 사내가 떠나고 돌아오지 않았다

새 5
—휘파람새

천공을 떠도는 새는
누구도 가지 않은 곳에 길을 낸다
새는 허공이 조국이고 집이고 골목이다
새들의 세상에도 사연이 있어
매화나무 그루터기에 묶여 떠나지 못하는
매향보다 둥지보다 그루터기 맴도는 것만으로도
충분히 즐거운 새는 동짓달 언 손 호호 불어
청향을 피워드는 그 여자를 위해
천년을 운다는 휘파람새
동백나무 그늘을 벗어나지 못하는
동박새 스스로 근간을 맴도는
저 착한 것들을 나무는 알지 못 한다
다만 살아생전 만나지 못한 것들
죽어서도 한 몸이 되지 못한 것들이
서로가 서로에 연緣한
질긴 끈으로 묶인다는 거

비양도 飛揚島

억새밭에서 백학의 비천무를 보았다
천공에 흩어지는 흰 말 울음소리 같은
탐라국 슬픈 고혼들 울음소리 같은
만경창파, 살이 다 닳아 흰 뼈까지 드러난
정수리 한가운데 명중한 총탄자국 같은
분화구 속에서 비천하는 억새의 해탈
날지 못하면 기는 척이라도 하라고
시퍼런 칼바람 후려치는 난바다
잠들지 않는 자 꿈꿀 수 없다는데
팔베개 모로 누운 야윈 등어깨
그저 보잘 것 없는 목숨 하나
겨우 내려놓았으니 너무 작아서
과녁이 되지 못한 비겁한 섬
콩콩 뛰는 새가슴에도
훅 불면 날아갈 아슬아슬한 난간 끝에서
뒷덜미 제비초리까지 잡고 흔드는데도
깝죽깝죽 차마 날아가지 못한 새
바람 불어오는 쪽을 향해
바람맞이 물 위에 앉아
비천을 기다리는 새.

그 섬에서 나는

기개 푸른 옥방 찬 자리 풍찬노숙에도
서릿발 같은 회한의 칼날을
숫돌에 들썩들썩 갈아세우는 해안에서
의로움에 제 목숨 버리는 등대 아래서
참 아름답고 슬픈 소주잔 꺾다가
명쾌하게 꺾어재끼다가
숙취에 찌든 비양도 바람의 말
밤낮없이 받아 적다가
흰 공책 갈피 침 발라 넘기다가
길길이 대든 상대를 대적할 수 없어
비겁하게 돌아선 내가 빈둥빈둥 떠다니다가
무심한 바다에 무심하다가
절정에 이르는 건 상황 종료임에도
끊임없이 절망을 갱신하라는
죽어 죽지 않고 살아 살지 않는
의식과 무의식 속에서
노천극장 연속 상영을 보다가
홑이불 훌훌 차 던지는
알몸이 민망했다

등대 1

하루 팔천 육백 번 친다는 파도가 바다이거나
각질이거나 닦고 닦아야 파래지는
깎고 깎아야 매끈해지는
대패질이거나 사포질이거나 촛불 같은 목숨이
얼마를 타올라 그 산에 가닿을지
얼마를 더 내려가야 그 뿌리에 가닿을지
삼만 육천 오백일, 얼마를 더 울어야
나비처럼 가벼워지는지 캄캄한 밤이 환해지는지
천지분간도 없이 나는
난바다 물 위를 달리는 백수 광부이다가
삼천대천 귀먹고 눈 먼 시방세계 헤매다가
연꽃으로나 사해 둥둥 떠다니다가
돌아올 탕자를 위한 등잔불이다가
부싯돌 치다가 잴 수 없는 삼매 들었다가
홍안의 십 일면보살 발 아래 엎치락뒤치락
펄떡펄떡 뛰는 생목숨 하나
장작불 위에 앉은 등신불이다가 차마
가닿지 못한 그 너머 가슴으로 세상을 섬기는
그대가 있는 줄 몰랐다 내 심지가
너무 짧았다.

등대 2

살이 다 닳아 허연 뼈까지 드러난
우리 혼의 가락이 일렁이는 만경창파
푸른 감옥에서 서릿발 같은 회한의 칼날을
들썩들썩 숫돌에 갈아세우는 해안에서
의로움을 위해 제 목숨 하나
더운 여름날 땀내 나는 홑저고리
벗는 것보다도 더 가벼이 여기던
등대 같은 사람아
대들보 연목거리 뿌리째 뽑아들고
은동거리 장죽에 헛기침 뱉으며
삼동 언강이 쩡쩡 울리는
기개 높은 결기로 어둠 속에서도
일체평등 난바다 밝히고자
우국충정에 목이 타는 사람아
어금니 깨물며 무릎 뼈가 부서져도
오히려 더 결결이 일어서는
꺾어도 꺾을 수 없는 우국지사
그런 사람이 있는 줄은 몰랐다
붉은 혈서를 쓰다 하얗게
날 밤을 샌.

골문

　풀밭이 된 폐교 운동장 한가운데 뻥뻥 공중볼 차는 아이들 천문산 통천문 같은 골문을 향해 탱글탱글한 허공을 꿰뚫는 새의 비상으로 전력투구 변화구 없는 돌직구, 활을 쏴대는데

　촉수 끝 깔짝깔짝 입질하는 물고기 휘리릭, 낚아챈 순발력으로 이 발길 저 발길 차인 만신창이 축구공이 무한우주 공空이건 축구 공球이건 공이 우는 소리는 아픈 지구의 비명 같아 오대양 육대주 아니 내 오장육부 오운육기가 다 흔들린다 어지럽다

　언젠간 저 허공천상계 들겠지만 하늘나라 999계단 밟아 올라 그 문 통과하면 하늘이 된다는 석수도 목수도 열 수 없는 돌문도 쇠문도 아닌 손발톱 다 닳도록 두드려도 열리지 않는 그 문을 향해, 생의 밑바닥을 탁, 치고서야 뻥하고 통기는 그런 부력으로 쌕쌕 숨찬 만삭의 보름달 폐곡선 그리는 서역 구만리 어디쯤

　세상 이리저리 구겨지고 찢어진 상처와 옹이로 더 튼튼해질 것이므로 나의 이륙과 착륙을 관장하는 관제탑 나와라 뻥뻥 큰소리치며 골문을 향해
　드리블 마이 볼.

귀향

　시계수리공 金氏 달랑, 제 몸 하나 빠져나온 껍질이 집이란 걸, 영혼의 집이 몸이란 걸 모르는 달팽이, 그런 생계를 꾸리는 지하도 입구 활등같이 굽은 곱사등이 등엔 비밀의 배낭이 있다 몸으로 새긴 갑골 불립문자 천서가 든,

　비밀이 많은 갑각류들 생계를 꾸리자면 제 몸만큼 구멍을 판 문 단속부터 목숨같이 지켜야지 전 재산인 몸도 마음도 다 열어놓고 웃을 땐 목젖 너머 은하 개울물소리 천체 우주 별자리까지 보이는데, 고단한 말년, 포갠 두 다리 모재비 팔배게로 누운 백두대간 같은 몸에 천복인 그 등짐만은 풀지 않았는데

　환호작약 꽃피는 소리까지 들리는 첩첩산밭 떼집을 대지의 향기로 대들보 서까래 엮어지은 집은 햇살에게 주고 밤이면 총총 별 눈뜨는 푸른 제국을 한라백록담 백두천지 퍼런 허공을 잡고 흔드는 바람에게 주고

　무인고도 위리안치 유배도 아닌 지렁이 두더지처럼 땅이나 갈굴 호미 곡괭이 묵정밭 우거진 잡초 벨 낫 한 자루도 없이 지게도 못 질 곱사등이의 귀향.

각하 뎐傳

　가난이 절실할수록 빛나는 별이 된다는 저 잔인한 물질의 말과 난전 저잣거리 좌판에 널린 삼팔따라지 마지막 떨이로도 팔리지 않는 현란한 말의 수사를
　각하,
　밟힐수록 더 깊어진 한의 뿌리를 촌스럽다고 못난 듯 겸손한 듯 낡고 오래된 구닥다리로 치부하는 소인국 소인배들의 식민사관을, 주권의 노비인 중노미 상머슴들 상전 잃고 헤매는 오만불손 권력을 정중히,
　변방으로 몰린 흙의 소생들 굼벵이 애벌레 나비 날갯짓까지 간섭하는 저 지독한 친절을 단호히,
　살아 산 것도 죽어 죽은 것도 아닌 잡초 같은 민초를 주상전하 뒷간 개돼지처럼 나면 죽고 죽으면 또 태어난다는 화관들 사고를,
　정의와 원칙, 상식과 순리를 말하면 이리저리 덮어 가리는 앞모습과 뒷모습 차이를,
　주권자가 주권을 방기하는 무지몽매를
　적폐가 적폐인 줄 모르는 몰염치를…를를를
　각하,
　엎어질 줄 알면서 또 일어서는 파도와 달의 몰락을 절망의 단련이라 말하는 삼류시를 그럼에도 고집스럽게 밤 세워 쓰고 또 쓰는 나를
　각하, 却下한다

알비노, 백색인

흰 가운에 덮인 알비노 백색인
귀신처럼 사라지고 발자국이 지워지고
너의 침대가 떠나고
눈발 속으로 기차가 떠나고
구김살 없는 빈 침대시트 위에 걸터앉아
36만㎞ 구만리에서 온 편지를 읽는데
새하얀 도화지에 답장을 썼지만 백지였다
눈 밑에 코끝도 안 보이는 화이트 아웃
천국에서 무장무장 내린 청산가리에
온 세상이 죽고 흰 정적만 첩첩이 쌓이는
눈보라 속에서 눈사람과 눈싸움 했다
내가 이겼다 이긴 순간부터 나는
산간오지 눈에 갇혀 고립되었다
가난한 오두막 아궁이 군불을 지피는데
나 같은 사람의 안부가 궁금했던지
흰 짐승이 내려왔다 돌아갔다
눈에 백태가 껴 앞 못 보는 나를
저의 족적을 따라오라는지
흰 발자국을 눈 위에 내려놓았다

참새 별 따먹는 소리

초록물이 뚝뚝 지는 말매미 소리
염천 땡볕에 등목을 친 산 꿩 소리
나한 돌부처도 놀라 자빠질 판
각처 사문 대중들 하안거 들기 전날 밤
노는 입에 염불도 염불이거니와
참새 별 따 먹는 얘기라도 해야겠기에
어느 건 가벼운 중이라지만
그래도 머리 누이는 곳이 제 집이라
자랑인지 뭔지 다들 한마디씩 하는데
어느 절집 솥은 대천한바다같이 커서
동지 팥죽을 쑬 땐 배를 타고
노를 젓듯 휘휘 젓는다 하니
또 어느 절집 칙간은 깊고 깊어서
아침 응사가 저녁나절에 툭, 바닥을 친다느니
화계 십리로 뻗친 천불 공양미 쌀뜨물은
골안갠지 벚꽃인지 분간이 안 간다는 둥
돌부처도 놀라 눈 번쩍 뜰
참인지 거짓인지
독경소리 피가 맑아진 아침 절마당
간밤 새떼들은 다 나라갔는지

풍경소리 귀를 달아맨 추녀 아래
뒷짐 지고 내려선 노스님 한 분
눈시울 아린 파란 하늘에
물고기 낚시질 하고 있었다

무호흡증

그 길은 낯설지 않았다

살갑고 애틋한 것들만 있는 그곳은 하도 자주 드나들어 눈감고도 갔다 굴뚝에 흰 연기 오르는 따스한 마을이 있고 반으로 쪼갠 백설기 송편 같은 삼선버선본 흰 낮달은 간장독 안에도 있었다

좁쌀 속을 채운 베개는 그 마을 밤벌레 소리를 베고 잠이 들었고 한 등 돌아누우면 이 꿈에서 저 꿈으로 건너가기도 하는데 아무도 모르게 살금살금 나만 아는 풍경 속으로 잠입, 아무도 밟지 않은 눈길을 네발 달린 짐승이 자작나무 숲으로 걸어갔다 외로우니까 가끔 뒤돌아보기도 했을 발자국 따라가는 내 눈은 시위를 떠난 불화살, 그 짐승 잘 달아났을까

가슴에 손 모으고 잔 날은 가위가 눌렸다 엄마 힘내세요, 조금만 더요, 저 힘들어요, 막 태어난 아이처럼 놀라 달아나야 하는데 달아날 수 없는 제자리걸음 눈 번쩍 뜨고 일어난 나는 얼마나 먼 데서 단숨에 달려왔는지 가슴이 뛰었다

안도의 바닥은 일상의 모든 것들이 새롭게 빛나는 순간이었고 생과 사 대차대조표는 백지 한 장 한 호흡 끝에 달렸다는 걸 꿈을 깨고서야 알았다 아주 간단한 그것을

나무의 노래
—묵죽도

마디마디 저리는 백가지 헝클린 생각에도
천백마디 말보다 비명 같은 한마디
하나보다 좋은 백이 한결 같은 한 목소리로
풀도 나무도 아닌 초목이 당대에 이룬 백년대계로
백년지기 백손이 한가대로
삼천만이 하나인 만세소리로
이 땅에 발 붙이고 살아낸 민초의 소리로
옆구리 생살이 터질지언정 꺾이지 않는
불령선인 조선의 정신으로
눈서리 치는 날 죽창을 들고 달려가는
유한의 목숨에도 무한의 정신으로
하늘에 결초보은코자 예 갖춘 향기와 절의로
엄동설한에도 가슴에 서슬이 푸른 격정을
끓어오르는 결기로 정의로
지엄하게도 백년을 하루 같이 논리정연 줏대로
한마디 한마디씩 비운 듯 꽉 채운 절대진공
그 속에서 진술의 해방구를 찾아 북받친
봉인을 열고 상소하는 직립을 위한 외마디
그 뜻은 차마

절節
—고사목

한 때는 울창한 숲이었을 지리산 제석봉
고산준령에 올라 보이는 건 모두 산
흰 뼈대로 죽어서도 눕지 못한
겨울 고사목
나비처럼 어딘들 못 가겠는가

뼈대만 남았어도 제 뿌리를 잊지 못하고
수금을 켜는 귀신이면 말해보라
천산 파미르 인류시원 한배검이거나
우국지정에 저 먼 만주벌을 떠돌다
북간도 눈바람에 실려 온 혼백이건
그 무엇이 되어 어디서 왔건
망자를 대변하는 정체는 보이지 않고
백로는 죽어 구름이 된다는데
한탄강 재두루미 백두호랑이 울음소리 같은
흰 뼈의 소리로 소리를 연주하는
바람의 손

한 천년 죽은 듯이 자다 깬 백말처럼
깃을 치는 백학처럼

날고 뛸 명분도 없이
하늘이 우니까 나도 우는 것인지
산중 운수납자 망자의 소리로 귀를 잡아당기는데

상처는 꺼내지 않으면 아물지 않는 법
선 채로 불탄 그루터기 검은 엘피판에서
열대우림 사바나 원시 숲이나 지구 심장이라는
적도 어디쯤에서 펄펄 살아날 초목의 꿈을 안고
저벅저벅 걸어오는 발자국 소리가
죽은 나무에서 울려 나왔다

솔거奉居 화조도

신라 땅 농사꾼 아들이라는 솔거
그가 경주 황룡사벽에 심었다는 소나무
온갖 새들이 날아들었으나 오는 족족
다 죽었다는데
마곡사 유마거사도 분황사 관음보살도
천상복락 누린지 오래
그가 그토록 정성으로 그렸다는
일천 장의 단군은 조선천지
어디로 가셨는지
여적餘滴의 먹물 같은 밤
갉작갉작 내 귀를 갉아내는
솔바람

제3부

움딸*

알톨 같은 어린 새끼 셋이나 두고 간
천금 같은 내 딸을 잃고 생불여사,
사는 것이 죽는 것보다도 못한
생을 살아낸 어미가
죽은 나무 새움이 돋듯
죽어서 살아온 듯
빠진 이 보철이나 닳은 무릎에
인공연골 같은 사마귀 물집 같은
움딸을 서럽게 쓸어안고
내 새끼야 내 새끼야 등짝을 쓸고 있다
죽어야 내려놓을 무거운 산을 안고
또 얼마나 더 사무칠 것인가
보면 아프고 저린 그럼에도
맵고도 뜨거운 그럼에도
찬밥에 날콩같이 서늘한
가슴은 울고 말로는 웃는
참 뜨겁고 매운 딸

*재혼한 사위의 아내

검劍 1

    칼집을 빠져나간 서늘한 몸에서 새벽 강이 흘렀다 이부자리서 빠져나온 알몸이 한기가 났다

    한 경계가 다른 경계를 건너갈 땐 세상 모든 것들은 임계점이 있다는 걸 모르고 넘어갔다 흑과 백을 가르는 어제와 오늘의 경계
    시퍼런 용자의 칼날이 섰다

    칼집에서 칼을 뺄 땐, 요란해서도 슬그머니도 아닌 내 속에 뜨끈한 내장을 꺼내듯
    우후죽순이나 꽃대를 밀어내는 뿌리처럼 기척 없는 숨 끝으로 나비를 베듯
    우물에 달을 건지듯 넘치지 않게 그러나 천둥번개 불칼보다 빠르게 북두칠성 삼태성 별자리 내리긋듯
    그렇게

    검객의 손에 피 한 방울 묻힌 적 없는 칼날은 옳고 그름을 가를 뿐, 살을 베지 않는다는데
    피를 묻히지 않는다는데
    수루에 앉은 용장의 칼날에 어리비친 자개장 돋을새김무늬로 번쩍이는 은파가 일었다

깊이 없는 깊은 곳에서 꺼낸 세치 용천명검에서 명장능인의 숨결로
사시사철 철철 흐르는 겨울 골물소리가 소리 결정체가 빛 속에서도
빛이 되는
 바람만 스쳐도 아픈 비명이
 저 칼집 속에 자고 있다는 것

검劍 2

제 심장을 찌를 수 있는 者, 자신이 자기를 벨 수 있을 때 물이 골짜기를 가르듯 내리치는 거라고, 그런 사람만이 손에 쥘 수 있는 게 검이라고 칼이 아닌 검이라고, 칼이란 한번 뺐다하여 썩은 무라도 자르거나 내리쳐야, 시퍼렇게 날이 서야 비로소 칼이라 믿는 그 생각부터 자르라고, 시시비비나 가릴 거면 검을 쓰지 않는 거라고, 새남터 망나니칼잡이도 거침없이 죄는 베되 사람은 베지 않는다는데 그런 날은 어김없이 비가 왔고, 적이 오면 농사짓던 연장을 녹여 창칼을 벼리되 세병교 강물에 씻어 다시 호미 낫을 벼리던 그 손에 든 칼이 진짜배기 칼이라고

너를 베지 않으면 내가 베이는 세치의 말이 바늘이 되고 창이 되는 양날의 칼로 썩은 무라도 잘라야하는 오기의 칼은 칼이 아니라고 칼은 칼일 뿐 검이 아니라고

DMZ

아들아, 나는 무식해서 색깔론은 몰라도
빨주노초파남보 일곱 색깔 무지개
꽃 붉고 잎 푸른 거
눈 뜬 당달봉사 색명이라도 알고
일자무식 글을 몰라도 말소리만 들어도
내 속같이 다 알아듣는 우리말이 있다
조국이란 그런 거란다
무조건이고 막무가내 맹목이라는
그런 것들이 그 안에 있어
모나고 둥근 것
잘 나고 못 난 것
터울이 졌거나 말거나
위아래 없이 동서남북, 모두가
조국이라는 어미 눈에는 똑같은 거란다
조국이란 그런 거란다
아들아, 형제 가슴에 겨눈 총부리
방아쇠를 당기느니 차라리
이 어미를 쏴라
이 아비를 쏴라
전쟁놀이 불꽃놀이 그런 놀이 말고

윷놀이 연날리기 딱지치기 제기차기
기마타기 널뛰기 그런 거 하고
놀거라 아들아

떠도는 음표

비 그치고 회회낭창 거미줄에 맺힌
하얀 고요의 알갱이들
저 빛나는 의문의 음표들
줄기와 결을 가졌는데
소리의 길이는 어떻게 읽지
햇살에 지워진 순은의 계음들
전깃줄에 앉았던 참새들
문득 생각난 듯 가고 싶은 곳으로
호르르 꽃잎처럼 날아가고
사라진 악보
전봇대도 노래를 잃었는데
한 생 외롭고 쓸쓸한 말년
가늘고 긴 저 여운은 어떻게 읽지
나를 깨우지도 않고 한밤을
서성이다 말없이 돌아간
그 사람 눈물 같은

지구벌레

좌우상하 빠져나갈 구멍도 없이 봉인된 알밤 속
사생태아처럼 옹크린 벌레의 순장
펄펄 끓는 화탕지옥 들기까진 달콤했을
그 생의 전모가 궁금하다가 나도 지구벌레란 생각에
같은 벌레끼리 어차피 사글세건 월세건
지구 세입자끼리 저를 용서하였다

연찬에 겨운 햇살이 제 몸에 노릇노릇 익듯
적당히 조련된 내가
햇살이 달고 향기론 맛을 들이거나 독을 만드는 건
취사선택이 간편한 선과 악의 결과라
내가 알지 못하는 곳에서 걸어와
발아래 엎드려 눈물로 경배하는 주검들이 키운
꽃과 열매와 풀을 눈치코치 염치불구 빚지는 것인데

먹히지 않으면 먹어야 하는 세상
누에가 야금야금 맛있게 갉아먹은 초록뽕잎이 실은
지구인 줄은 까맣게 몰랐다
향기론 탐욕과 아름다운 사유 권한이 내 손에 있어
의지를 높일수록 더 맛있는 지구를 먹게 될

꿈과 희망으로 청동 놋대야 같은 저 달을
닦고 닦았으나 이젠 달도 어지간히 낡았다

대숲에 들어

대쪽 같은 성현의 말씀이
눈 속에 더 푸른 건 충절과 기절이라고
살이 터져도 꺾이지 않는 강건함은
의리를 숭상하는 거라
일어서면 우국충정 민중이 되고
손에 들면 죽창이 되고
내리치면 회초리가 되는

세속 사범인 산림처사 일언지하 불끈, 치솟은
우후죽순이라도
일신의 면목을 갖추자면 하늘 한 번 땅 한 번 보고
정월 초하루 먹은 마음 섣달그믐
귀모서리 하나 닳지 않는 고천문 외마디로
한 마디씩 아로새긴 말씀의 나이테로
기강을 세우는 모재비 칼바람 겨울을 지나
정직하게 청명에 살을 떠는 대숲에서
어깨를 툭툭 치는 죽비

낙엽을 쓸면 깨끗하고 그냥 두면 고즈넉한
절집 마당에서

나무 한 그루 꽃 한 송이 피워보지 못한
나비도 새도 될 수 없는 나는
비를 맞았습니다
매를 맞았습니다.

불타는 금요일

바벨론의 비너스 아니 루시퍼를 잊기로 했다
신의 날에 구원을 얻기보다 자유를 위해
도무지 거래가 되지 않는
도무지 수고와 피로를 모르는
아름다운 저 여신을 잊기로 했다
환락을 불태우는 금요일 밤
유혹의 루시퍼를 위해
구원의 루시퍼 아니 비너스를 위해
세상의 모든 신을 위해 신을 잊기로 했다
일곱 달 반 동안까지만 조석변개 두 얼굴의 별이
개밥바라기건 샛별 계명성이건
떠오른 아침 해가 서산에 지고
아침이면 다시 떠오르겠지만
어둠에서 나와 어둠으로 돌아가는 생
초저녁별이 새벽 하늘에 빛날 때까지
첫차와 막차를 타고 내리는
죽었다 살아서는 올 수 없는
이승에서 나는

카레이스키

나는 고려인이다 조선인민 공화국도
대한민국도 소련도 러시아도 아닌
고려인 카레이스키,
우리의 조국은 둘 아닌 하나
고조선 한민족이다
남한의 南을 빼고 북한의 北을 뺀
이쪽도 저쪽도 아닌 무국적
고려인 한민족 조선인이다
들짐승같이 처절했던 그해
처다만 봐도 이가 시린 새벽달
눈바람 칼바람 맞으며
아리아리 아리수 언 강을 건너
십 리 발병 아리랑 고개를 넘어
천산천해 고조선 하늘 아래
비산비야 산지사방 흩어져 살아도
강제 이주 생이별을 살아도
내가 누군지 알고 사는
내가 고려다

꽃그늘에 눕다

달고 맛있는 열매를 생각하면 꽃이 져도
서럽지 않은 것처럼
해 지고 금과옥조 성전이 무너져 어둠이 들어도
별을 기다리는 사람은 외롭지 않다

산판 생나무 찢는 산 꿩이 외장을 쳐도
눈도 깜짝 안 한 적막을 꽃그늘로 내려놓고
풀 끝에 지는 이슬 한 방울에 화들화들,
진저리치는 섬진강가에서
거기 누가 오나 수비하는 벚꽃 사열대
근 십 리로 뻗친 꽃그늘 아래서
아, 나는 이 강변 십 리 발병 저주를 받고
발부리 채는 돌멩이로 굴러도 좋겠다 싶어

도무지 걷잡을 수 없는 번열의 열변에
눈멀고 귀가 먼 당달봉사, 시방세계 헤매는데
세상 환히 밝히라는 화륜보살 마하살
천수천안 바람의 손에도 꽃물 들었는데
물 속 달 맑게 비추는 월인천강지곡에도
흔들리는 마음의 꽃가지 꺾어드는

나무수월보살

꽃이 져도 시들지 않는 고질병 하나
다시 도지는지 자꾸 죄 짓고 싶어
간질간질 시끄러운 손
손톱 밑 생이 아리듯 신열 홍역발진 수두로
곱다시 미쳐난 십 리 벚꽃 저주에
내가 먼저 미쳐났다

용설란龍舌蘭
─에니켄

목마른 사막의 땅, 백년에 한번 핀다는
생의 끝에서 피었다 진다는 대나무꽃처럼
용 혓바닥같이 거칠고 사나운
나무도 풀도 아닌 용설란이
서러운 몸뚱이 하나로 노예인민살이
일소처럼 살아낸 조선 소가죽같이 질긴
흰 옷 입은 그 사람들 이름이
에니켄이란다 그처럼 아팠던
기억의 꽃이란다
꽃이라고 다 예쁘기만 한 게 아닌가보다
사철 푸른 몸속에 저리도 붉은 피가
찰박찰박 하동 재첩 씻는 소리로
굵디굵은 남도 꼬막 씻는 소리로
후둑후둑 호박잎 두들기는 빗소리로
울먹울먹 가슴에 울음을 틀어쥐고
그렇게 주구장창 울먹이다
울컥 토해낸
피 묻은 사막의 꽃
죄 없이 죄 많은 조국은
빌라도 손을 본다

무심한 하루 한나절

천 개 벼루가 닳고 뼈가 닳아도
이르지 못할 경계를 두고
무너진 바다를 일으키려 참 애쓴다
영원도 순간순간이 이어진 것이라
밤새도록 달려도 제자리걸음 친
엄마의 재봉틀 삶이 그렇듯
시간이 역사라는 참 간단한 진리로
밤벌레가 점령한 제 영역을 다스릴 동안
오대양 육대주 천체 우주 한 바퀴
휙 돌아와 수평선 현을 밟고 서는
저 용자의 기억도 시간이다
무용의 것들은 모두 시간이 아닌
다시 기억이다 째깍째깍 사라져가면서도
째깍째깍 되살아온다는 것만으로
환해지는

11월 백양산

초록회랑 편백나무 숲이 죽지 털고 일어나
설렁설렁 앞장을 섰다
여기서는 사람보다 숲의 목소리가
사람 걸음걸이보다 나무의 걸음걸이가
더 빠른 보폭으로 백년을 앞질러 갔다
이미 나무와 한패가 된 맨발들 누구나
안성맞춤인 길을 신고 걸었다

샛노란 순금 햇살 밟으면 바삭바삭 튀겨낸
길은 고소하고 맛있게 먹혔다
청둥오리 수군거리는 저수지는 정황상
충만한 만수위 물의 음반 이바노비치,
어찌 알았을까 내 안에 잔물결,
이 골짜기 꽃 피고 꽃 지는 소리
여기선 누구도 계절의 경계를 긋지 않고
입신에 든 바람은 들꽃처럼 양순한데
탄금을 울리는 초록 고요
백양산 함박고개 파란 하늘에
물들라, 흰 양떼를 몰아가는데
나무처럼 성큼성큼 걸어올 시애틀 추장을

나는 이 숲에서 11시 11분에
만나기로 한 것이다

섬진강

산천 풍광이 화개동천이면 하늘도 못 울린다는 지리산 천왕봉 만근의 종, 만삭인 보름달 둥둥 천고의 북이라 하지
한 번 치면 우레 소리 두 번 치면 산천 기세로 삼세번에 의사들 구름같이 모여, 다섯 여섯 두드릴 때 왜적 모가지 추풍낙엽에 흩날린 그 북이라 하지

은하 밤 물소리 청옥을 깎았으면 옥적이건 연적이건 청백리 새벽 강 맑게 비춘 청동의 종, 소리의 길이는 열 두 가야 대악大樂이라하지
청학이건 운용이건 구름이 된 고운은 사람 눈으론 볼 수 없는 허공창천 붕새봉황이라 하지

침향의 새벽 물안개 속에 매화꽃가지 꺾어 머리 꽂고 물의 처음인 천산을 오르는 면경지수 섬진강 줄기 따라 물위 새가 물 밑 새보는 청동거울이라 하지

선인선비 너럭바위 누대에 올라 내리긋는 대쪽 기개 일필의 폭포, 기꺼운 대의大義를 품은 결행의 용단이야 추상秋霜 같은 저 지리산이 아니고야 품지 못할 것을 청화백자 연적묵향의 비단문장 화개골 물소리로, 각양각색의 꽃그늘 내리는 소리로 섬진강 십리에 뻗친 쌍계사 꽃바람의 비천飛天

꽃 지고 눈 내리면 대숲이며 하동송림 푸른 줄은 온 세상이 다 알아도
필설로는 다 못할 백금의 모래 눈이 아려 못 봤다고
　차마 눈 뜨곤 못 보았다고

참 이상한 일

바람의 땅 파타고니아에서 범선을 타고 온
바람의 몸에는 신의 음성이 아니면
망자들 혼령이 들었다고 믿었다
알 수 없는 알아들을 수 없는 참
이상한 일들은 어둠 안에서 일어났다

밤중에 내리는 빗소리
뒷산 선령이 찾아와 야단치는 줄 알았다
구시렁구시렁 끝도 없는 잔소리로
감나무 속처럼 새까맣게 속이 탄
추녀마루 썩은새 눈물로
타이르기도 하는 참 이상한 말로

진흙 마당 멍석말이 매질로 무두질로
살 깊은 볼기짝 철썩철썩 곤장을 치는
두들겨 패거나 두들겨 맞아야 할
작심하고 마구마구 내리 퍼붓는 비난을
머리를 숙이고 들어주거나 달아나거나
피할 수밖에 없는 수상한 기미로
비현실적으로 추적추적 내리는 비에게

추적당하는 참 이상한 일들이
빗속에서 일어났다

구舊 길로 가면

잡초 우거진 산길로 가면 파르르 쏟아진 창공
요절 단장을 친 장끼소리에 산도 제 몸을
들었다 놓았다 하는
안개 속에 풀리는 새벽 강 비명소리로
숲을 흔드는 바람의 손도 보이는

대명천지에도 어두운 구석이 있듯 이 도시에도 과거 구舊 길로 가면 동서남북 읍면 단위가 있어 초읍 하마정 범내골 물만골 시싯골 지게골 개다릿걸 소전걸 오시게 광안리 청룡리 가마실 시골풍 이름들, 언제 어느 때 비행장인지 수비 삼거리 뽀부라마치, 텍사스 국적 불명은 그렇다 손,

첨단 시대, 수만 수천의 교회 편의점에서도
구원받지 못한 쓸쓸한 낭인들 주지하시라,
사라지고 유기된 것들은 원래 있던 자리에 있다
발자국이 쌓이면 발길이 되고
손이 가면 손길이 되는 길 우리는 지금
너무 멀리와 버렸다

눈[雪]

부처님 말씀 한 보따리 들쳐 메고
서천을 건너간 삼장법사
바람이 불어 날려 보낸 경전은
알고 보니 하얀 백지였네
이 경전이 진짜 경전이라고
경전은 글자 속에 갇히는 게 아니라고
글을 못 읽는 까막눈이 읽는 경전이라고
책이란 펴거나 덮거나 그 모두가
경전이라고 앉았거나 누웠거나
그 모두가 경전이라고
그 말씀인 게지요

비등 飛騰

한라산 백록담 해탈의 풀씨처럼 높게 날아
그 산에 가고 싶다 봄여름가을겨울 사계,
옷이 날개라는 입성에 따라 호명되는
그 산에 가고 싶다

봄에는 금강산, 여름엔 봉래산
가을엔 풍악산, 겨울이면 개골산이 되는
금강에 들고 싶다

노적봉 향로봉 비로봉 일만 이천 봉
구한말 단발령이 아닌 마의태자 단발령
고재령 한의 흰 양떼를 몰아
산발적 기립박수 숲의 발성법으로

휘파람 불며 푸르게 물든 바람의 몸부림으로
부드럽고 질긴 모천의 힘으로
낮고 낮으나 깊고 깊은 직하의 힘으로

부서져 흩어져도 한 길로 흐를 수밖에 없는
회회찬찬 짜맨 한 줄 현으로

반도 땅 대지의 숨결로

여리고 흰 실뿌리에서부터
물관부를 타고 오르내려 순환하는
나무들 소리로 초록은 동색이라고
소리쳐 말하고 싶다

바람을 읽다

말을 귀로 듣는 사람과 눈으로 듣고
가슴에 담는 사람이 있는 것처럼 그립다는 말은
쓰는 것이 아닌 가슴으로 그리는
수묵의 그림이다

천둥번개 불벼락에 환호작약 피었다 지는
아예 없었거나 만들었거나 문득
일어났다 사라지는 무색무취
촉수의 더듬이로
숨 쉬는 것들만이 바람의 구문을 받아쓰고
소리 내어 읽을 줄 안다

외로움으로 더 단단해진 저 나무도
불씨를 품었다는 사실만으로 신이 난다
불완전한 비의 문장을 대독하는 능인의 목소리는
대체로 쓸개 없는 문맹의 짐승들일수록
더 잘 알아듣는다는 걸
바람이 먼저 안다

만추 랩소디

얼마나 높이 날아오르면 거기 가닿을까
산정 높이 올라가 고담준론에 빠진
새하얀 낮달이 차고도 깐깐하다
늦가을 물소리 선연한 곳
서슬 푸른 위엄이 추상같이 잔인하다
무서리 된서리 여기까지가 강제된 반환점
열심히 달려와 뚝 멈춰선 끝물의 호박넝쿨
최선을 다했다 수고했다고
차마 말하지 못한 길 끝에서 누군가 툭, 내 어깨를 친다
속 불을 지피던 불편한 인연들
담뱃불로 비벼 끄고 담배까지 끊었다는
그의 말에는 칼이 들어있었다

물소리 바람소리의 수화
―풀에게

자연법칙이란 법,
神은 法을 모르고 나는 神을 몰랐다

신의 소관이 아닌 인간의 법이
신의 입지를 흔들어 기강이 무너졌다고
가끔 매질인양 천둥번개 비바람 경을 치는데
꾸지람이란 무조건 들어야한다는 것말곤
아는 게 없는 난 무엇이 잘못인지
왜 야단맞는지 조차 몰랐다 아는 것보다
모르고 맞는 연병장 단체 체벌처럼
야단도 응원이 필요해
혼자 맞는 것보다 조금 덜 아팠다
수월했다

비 오면 비에 젖고 햇살에 말리며
살면 살아지는 대로 살지만
잡히면 죽는 자와 왜 쫓기는지를 모르고 쫓기는
야생들 사이엔 묵계된 타협이 있어
덫이나 천적 맹금은 알아도 모른 척
모르면 모를수록 좋았다

그런 것들은 언제나 나를 무시했지만
깔보진 않았다 귀신도 무섭지 않은
내가 놀라 달아나고 내가 무서워 숨었다
바닥을 슬슬 기는 독사뱀 무자치
심지어 미물들까지도 무관심 했지만
내가 지레 겁먹고 놀라고
산발사발 떨었다

수목 한계선 돌개바람이 초원을 다스렸고
풀이 달고 맛있다는 건 노루 고라니
선량하고 온순한 초식동물일수록 더 잘 알지만
착한 풀들은 여릴수록 당당해
앉은자리에서 웃으며 신을 만났다

꽃이 제 이름을 모르는 것처럼
감이 빨갛게 달아올라 단맛을 가졌다는 걸
감이 감히 알지 못하는 감나무처럼
제 구실에 최선을 다할 뿐
다만 이 모든 것들은 자연스러운 것이라
천적을 만난 비명이 바위산 정적을 찢고

신자유주의 야생의 바람은 문란하여
무턱대고 멱살을 잡고 흔드는데
관용관례라 누구도
맞장 뜰 용자는 없었다

바람의 손은 부드럽기도 거칠기도 해
모든 무례와 무지와 무관심을
일깨우는 일
무정형 구름을 먹고 시를 배설하는
사람은 사람을 사랑하는 일로
천국을 건설하라는데 유독
머리를 하늘로 둔 난만한 나무와 꽃에게
오지랖이 반질한 어린 풀에게까지
소리 없이 착한 것들에 강림하여
선량하고 상냥한 것들에게만
응답하는
神

그의 음성은 풀피리에서 울려나오고
꽃이 앉은 자리에서 빤히 신을 쳐다볼 동안

신갈나무 잎사귀는
사람의 짚신까지 신겨주었다는 걸
나는 알면서 모른 체했다

화소

살아갈수록 선명한 것보다 흐릿한 것이 좋고
낡은 손수건이 눈물 닦기에 좋다는 것도
이때쯤 알아채는 거라고
깊은 주름 미운 살이 보이지 않게
흐릿한 실루엣이 좋다고
대강 한눈에 일별하고도 다 아는 것들
징검징검 건너뛰어도 좋다고
새벽이면 하나둘 사라질 별의 이름으로
손에 쥔 알력을 풀고 잡는 것보다
놓아주는 것이 좋다고 한 그의 말
비바람 그치고 눈이 내리고서야
푸른 그대가 보인다
그대가 걸어간 오솔길이 보인다
잡초 우거진 숲에서 돌아서 간 그 길에서
또렷한 발자국이 보인다 반시계 방향으로
횡단열차 역방향 좌석에 앉아
우기고 드는 건 등지는 게 상책이라는
그대와 마주보는 어깨너머 세상은
자꾸만 눈물겨워지는 것이다
노안이다

원효산 화엄벌에는

높은 산 깊은 숨소리가 화엄인 곳
수목한계선 노천법당 화엄벌
혈기방장 원효는 없고
기세 등등 눈 뿌리 시린 바람이
무딘 날을 갈아세우는 정신의 고지
어디까지 거슬러 오를 것인가
벼랑을 내리는 폭포는
정신일도 하사불성
말씀의 주장자
거침없는 물의 말엔 칼이 들었다
부처를 베고 나를 베는
섬뜩하고 끔직한 칼이 들었다
저 고드름 깨물었단 이 뿌리까지
시리고 아리겠지만
그의 말씀에 가슴을 찔려보지 않고
그의 말씀에 빠져 헤엄쳐보지 않고
어찌 깊이 새길 수 있겠는가
그러나 내 말은 흐르는 물이니
가슴에 담지 말고 그저
바라만 보라는 원효는 없다

적

족발집 앞에서 말뚝처럼 서 있는
나는 발목이 시렸다
하루 노역을 끝낸 발의 단어들
길바닥이 닳고 신발이 닳도록
발의 문장은 길고 질겨서
현관에 식구들 신들은
오늘도 도(道)닦으러 나가고
아직도 돌아오지 않는데
등대는 적을 찾아 헤매는 밤
바다는 흰 백골을 안고 뒹굴다
빨랫줄에 걸린 이불홑청
펄럭이는 흰 파도
감당할 수 없는 푸른 문장의
무모한 돌진은 계속 되고
밤하늘엔 형광 어류들이 사라지고
대성통곡 피울음 같은 해가 뜨고
광명천지 사면복권으로 더 이상
지하수배자는 없었는데
그것이 내 안에 있었다

시랑대侍郎臺 가는 길

1.
동해바다 수평선 옆구리 꿰차고
38선 지나 백두산 가려거든
삼아 신은 짚신을 벗고 맨발로 가라

오륙도 떠오른 아침 해 이고지고
만주벌 지나 개마고원 고비사막
부르튼 물집 절룩이며 고조선
고려 고구려까지 가려거든
기장 베틀로 짠 천의무봉 청포에
흰 바지저고리 대님을 매고 가라
백통 고무신 검정 고무신
밤낮주야 갈아 신으며 가라

그러나 공수마을 동암 서암 연화리 월전
두호 학리 방글방글 꽃 같은 이름들
송알송알 촘촘한 기장 해안길 아니면
차마 그 어디라 가겠느냐

2.
천년 소나무 청솔그늘로 난 오솔길 따라
바늘에 비단 수실을 꿰듯 난 벼랑길 따라
자갈자갈 웃는 자갈밭 지나
멸치 다시마 미역 말리는 고요한 어항
그물을 깁고 물고기 배창시를 꺼내
간도 꺼내 거풍하고 싶은
청풍명월 노거수 솔바람

몰아치는 동해바다 맑디맑은 파도소리에도
별 고요히 내리고 달빛 축축한
천혜절경 기장 시랑대 가려거든
유배 친구 위로하러 온 선량들 때문에
올랑대가 오랑대가 됐건
원앙대가 부러웠던 어느 현감이
제 이름 새긴 시랑대가 됐건 그저
그러함으로 무심한 벼랑 끝 그 아래에
물밑 십 리 동굴이 있다는 거
알고는 가시라

너럭바위 붉은 탯줄을 긋고 간 비련의 용녀
들물 날물마다 훌쩍이며 운다는 거
바다도 바람도 울음을 안고 산다는 거
그만한 구석이나 모퉁이가 있어야
마음 놓고 소리 내어 운다는 거

오시리아 오시려거든

오시리아 오시려면 먼저 당사리로 오시라
대대손손 반농반어 민초들 바다와 지신을 섬기고
천년 소나무 당산나무에 왼새끼 금줄을 치고
정월달 열나흘 밤 조율이시 주과포로
당산 할배 할매 신주처럼 모시고 살던
오래된 당사里 먼저 오시라

청정 동해바닷물 끌어다 소금을 굽고, 미역 말리고 멸치를 말리던
너럭바위 천석바위 거북바위 널버리바위 물 좋은 동암 수리답 채전
밭 가을걷이 타작마당 짚불 곰장어 해거리 없이 주정받이 진 살구나무
감나무 조상 대대로 살아온 터전 아래위각단 오만 사람 다 와 보고
즐기시라고 관광단지에 준 사람들, 조상선령까지 뿔뿔이 흩어진 그들이
되지 말자고 솔방, 신접 새살림 차리고 사는 시랑리 오시라,

상전벽해 천지개벽에 사라졌으나
사라지지 않는 기억 속으로
나무보다는 숲이 된 하나보다 한 무리가 된
아름답고 평화로운 신화가 된 사람들
시랑산 해동 용궁사 절집에 가려거든

오시리아 역에 내리시거든
당사리 먼저 오시라

근斤

보이즈 2호가 힐끔 한 번 나를 돌아보고 갔다

폐차장 백미러처럼 나 같은 건 안중에도 없는 그가 본 지구는 겨자씨만 했을까 탱글탱글한 밀감처럼 잘근 깨물면 새콤달콤한 햇살이 팡팡 튈 태양을 둘러싼 회전속도는 지구인력 때문에 누구도 못 느낀다는, 가설과 주기설이 낭설이건 추문이건 파문이건 백년에 70초씩 자란다는 시간은 하루 21.9로 무럭무럭 자라 25시가 될 거라는데, 쑥과 마늘의 시간은 檀紀 4351년 七月七日 辰時,

백수광부가 물에 안 빠지려면 얼마나 빨리 달려야 하는지 극과 극이 뒤집어질 천지개벽이 나도 알 수 없는 일, 내 몸 성분이 지구와 같다지만 난 아직 철이 모자라는데, 그제 어제 오늘 내일 모레 글피, 연이은 물의 길이는 잴 수도 측량할 저울도 없는 수치는 무상계

고등어 한 손, 금 한 돈쭝, 굴비 한 갓, 오징어 한 축, 북어 한 쾌, 마늘 한 접, 한 섬 한 말 한 되, 고기 한 근, 열무 한 단, 감 한 동, 한 채 한 필지 없이 떠도는 극빈과 허공중천 둥둥 뜬 지구 무게를 알 수 없는 건 팽팽 도는 팽이라 치고, 저울에 달 수 없는 마음이라는 생각은 머리가 무거운데 무거운 짐 진 者 오라는 교회를 갈까, 비우고 내려놓으란 절집을 갈까 궁리 중

길을 신고 걸었다

맨발에 길을 신고
부산 갈맷길 십년을 걸어왔다 아니
이 보다 먼저 저 눈 덮인 천산 파미르
고조선 아사달을 거쳐 광활한 만주벌
개마고원 고구려에서 오늘 여기,
이곳까지 왔다 걸어 걸어서 왔다
손이 가면 손길로
눈이 가면 눈길로
발이 가면 발길로 온 것처럼
우리는 그렇게 또 걸어갈 것이다
누구나 제 발에 맞는 길을 신고
너는 나에게 나는 너에게로 갈 것이다
우리가 발붙이고 사는 이 땅 위에서
눈바람 속을 달려온 나무가 꽃을 피우듯
밟을수록 심이 붙는 겨울 보리밭처럼
밑뿌리 깊게 내리고
환호작약 피었다 지는 꽃에게
열매가 되는 그 길로 갈 것이다
오늘 우리가 신었다 벗어둔 길을
내일은 그대들이 또.

길의 건반을 밟다

어디로 가건 길 위에 선 사람들 누구나
흙의 지문을 남기지요
안단테 칸타빌레 깊고도 느린 곡절로
온 몸이 악기이거나 귀가 되는 길
피아노건반 위를 걸어가는 객원 연주자들
박자 선율을 밟는 발의 음절로
발목을 감았다 푸는 솔솔 미파 솔 라라 솔,
만나는 가슴마다 꽃씨 하나씩 심어주는
작은 풀꽃조차 눈 맞추지 않으면
저 혼자 웃고 마는 이 가을 햇살 아래
야생의 원음을 노래하는
길 위에 선 저 사람들
자작나무숲이 내어주는 외지고 한갓진 길
에둘러 걸으면 자작자작 따라오다
달리면 저도 달려와 보폭 행간을 채우는
지금 이 순간이 오랜 옛날에서 연루한
아주 먼 미래라 말하는 길
세상 모든 길들이 창해에 이르듯
우리가 걸어온 길을 지구처럼 둥글게 말거나
강처럼 길게 펼치면 우리의 오감이

무슨 꽃을 피울지 누가 아나요
나비와 새가 제 몸을 들어올리고
온몸으로 길을 내는 달팽이처럼
한걸음씩 내면의 창을 닦는 시간
조금씩 헐거워진 틈새로 빛나는
맑고 투명한 일상 저 너머까지 보이는
창문 열쇠가 길 끝에 있다고
쿵쾅거리는 나무들 심장소리로
창공을 쪼아대는 새들의 수다로
자비롭고 공손한 길의 목소리로
그렇게 말하지 않았나요

박자를 놓치다

1판 1쇄·2018년 12월 20일

지은이·박정애
펴낸이·서정원
펴낸곳·도서출판 전망
주　소·부산광역시 중구 해관로 55(중앙동3가 201호) 우편번호 48931
전　화·466-2006
팩　스·441-4445
출판 등록 제1992-000005호
ⓒ 박정애 KOREA
값 12,000원

ISBN 978-89-7973-497-3
w441@chol.com

* 저자와 협의에 의해 인지를 생략합니다.

이 도서의 국립중앙도서관 출판예정도서목록(CIP)은 서지정보유통지원시스템 홈페이지(http://seoji.nl.go.kr)와 국가자료공동목록시스템(http://www.nl.go.kr/kolisnet)에서 이용하실 수 있습니다.(CIP제어번호: CIP2018039784)

*본 도서는 2018년 부산광역시, 부산문화재단 지역문화예술특성화지원사업으로 지원을 받았습니다.